KB233652

# 지고의 행복

지고의 행복

월간 오디오북 **옹달샘** 2011년 통권 제2호
BBS 불교방송 5분 명상

# 지고의 행복

묘원

행복한 숲

머리글


지고(至高)의 행복은 가장 높은 행복을 말합니다. 탐욕, 성냄, 어리석음이라는 번뇌가 불타버린 것을 열반이라고 하고 이것을 다른 말로 지고의 행복이라고 합니다. 세속의 행복은 가져도 만족할 수 없지만 출세간의 행복은 가졌거나 갖지 못했거나 상관없이 있는 그대로 보기 때문에 불만족이 없습니다.

열반을 성취하여 지고의 행복을 얻으면 모든 형태의 갈애가 소멸되고 재생하는 업력이 함께 소멸합니다. 그래서 원인과 결과가 사라져 삶과 죽음이 연속되는 윤회에서 벗어납니다. 탐욕, 성냄, 어리석음이란 번뇌가 불타버렸기 때문에 태어남, 늙음, 죽음, 괴로움, 비탄, 슬픔, 절망도 함께 불타버립니다. 이것이 지고의 행복입니다.

출세간의 궁극의 목표는 오직 열반입니다. 부처님께서 45년간 설법하신 것은 오직 열반을 위해서입니다. 부처님께서는 오직 열반을 위해서 수행하라고 하셨습니다. 그리고 이 길은 자신이 경험한 것이니 우리들에게도 이 길로 오라고 말씀하셨습니다. 이 과정이 바라밀 공덕을 쌓고 사마타 수행과 위빠사나 수행을 하는 것입니다.

열반은 괴로움이 없고, 죽음이 없으며, 원인과 결과라는 조건이 소멸한 상태입니다. 이때 다섯 가지 감각기관으로 열반을 인식하지 못합니다. 그래서 일부에서는 열반을 무(無)라고 말하기도 하는데 이것은 없다는 것이 아닙니다. 단지 모든 번뇌가 소멸한 정신적 상태를 의미합니다. 열반의 상태에서는 인식할 수 없지만 이때 마음은 열반을 대상으로 합니다.

열반은 모든 번뇌가 끊어진 정신적 상태이지만 이 과정에 이르기까지 해탈의 자유를 느낍니다. 그리고 열반에서 깨어나서도 평온과 자유를 느낍니다. 그러므로 열반에 들기 전의 상태나 열반에 들고 나서의 상태나 열반에서 깨어나서의 상태가 모두 가장 높고 가장 순수한 행복입니다.

깨달음의 결과를 뜻하는 열반은 살아서 몸과 마음을 가지고 경험하는 유여의 열반(有餘依 涅槃)과 다시 태어남이 없는 무여의 열반(無餘依 涅槃)이 있습니다. 위빠사나 수행을 하여 칠청정과 단계적 지혜가 성숙되면 마지막에 열반에 이릅니다. 어떤 열반이 되었거나 이 모든 것들이 지고의 행복입니다.

지고의 행복은 그냥 얻는 것이 아닙니다. 모든 괴로움과 즐거움을 있는 그대로 알아차려야 합니다. 인내가 열반으로 이끕니다. 참고 견디지 않고서는 무엇도 얻을 수 없습니다. 모든 수행자들이 열심히 알아차려서 지고의 행복을 얻으시기를 삼가 기원합니다.

묘원 합장

# 차례

트랙1

1.마음가짐

2.자신의 선택

3.유신견

4.바리밀

5.불만족

# 마음가짐

위빠사나 수행이 어려워서 못하겠다는 사람도 있고
어려워도 하는 사람이 있다.

못하는 사람은 수행이 어려운 것이 아니라
하려는 마음이 없어서 못한다.

수행을 하려는 마음만 있으면
어려운 것은 문제가 되지 않는다.

수행이 어렵다고 하지 않는 것도 자신의 선택이며
어렵지만 수행을 하는 것도 자신의 선택이다.

수행 자체에 문제가 있는 것이 아니고
자신의 마음가짐에 문제가 있다.

복을 바라는 사람은 수행을 할 수 없다.

수행은 자신의 괴로움을
해결하려는 용기가 있는 사람이 한다.
그리고 고통을 감수할 수 있어야 한다.

그러므로 수행은 더 향상된 삶을 살고자 하는
지혜가 있는 사람이 한다.
수행은 이러한 조건이 성숙되어야 할 수 있다.

감각적 욕망과 미혹에 빠져서
아직 덜 다급하기 때문에 수행을 하기가 싫은 것이다.

자신의 견해가 강하면
새로운 것을 받아들이려 하지 않을 뿐만 아니라
무엇이나 쉽게 얻으려고 하여 수행을 할 수가 없다.

수행이란 마음을 계발하는 것이라서
참고 견디면서 스승의 가르침을 실천해야 한다.

# 자신의 선택

자신에게 괴로움을 주는 가장 큰 적은 자신이며,
자신에게 행복을 주는 가장 믿음직한 구원자도 자신이다.

자신을 죽이는 것도 자신이며,
자신을 살리는 것도 자신이다.

자신을 타락하게 하는 것도 자신이며,
자신을 청정하게 하는 것도 자신이다.

자신에게 주어지는 모든 문제는 외부로부터 오지 않는다.
오직 자신에 의해서 일어난다.

남의 유혹에 넘어가 비도덕적인 행위를 하는 것도
자신의 선택이며,

남의 가르침을 받아 도덕적인 행위를 하는 것도
자신의 선택이다.

이처럼 타락하거나 청정한 것이
오직 자신의 일이듯이

누구도 남을 타락시키거나
청정하게 할 수 없다.

다른 사람의 꼬임에 빠져 나쁜 행위를 하는 것도
자신의 선택이며,

스승의 가르침을 받아들여 자신의 번뇌를 해결하는 것도
자신의 선택이다.

자신을 타락하게 한 상대를 따라가는 것도 자신이기
때문에 남을 탓할 것이 없다.

그러나 자신에게 가르침을 준 스승을 따르는 것도
자신이지만 스승에 대한 존경심을 갖는 것도
자신의 선택이다.

# 유신견

몸과 마음을 나의 몸과 마음이라고 생각하는 것을
유신견이라고 한다.

이러한 마음은 자신과 관련된 모든 것이
나라고 생각하며 나의 소유라고 안다.

그러나 몸과 마음은 내가 아니고
나의 소유가 아니며
매 순간 조건에 의해 일어나고 사라지는 현상일 뿐이다.

이런 잘못된 견해가
내 남편, 내 부인, 내 자식을 집착하게 해서
번뇌가 끊이지 않는다.

유신견을 가지면
내 고향, 내 학교, 내 나라, 내 종교라는
관념으로 인해 나의 것이 아닌 것은 배척한다.

이런 고정관념에 의해 모든 분쟁이 일어나고
심지어는 전쟁까지 일어나
인류를 고통 속에 빠지게 하고 파멸에 이르게 한다.

유신견은 몸과 마음이 나의 것이라는 것에 그치지 않고
지구도 인간의 소유물로 안다.

지구는 살아있는 모든 생명이 공유하는 삶의 터전이다.
모든 생명은 어떤 것이 되었거나 살아갈 권리가 있다.

유신견을 가진 인간의 탐욕으로 인해
필요이상으로 많은 생명들이 도륙된다.

유신견은 자신뿐만 아니라 타인에게도 고통을 주기 때문에
누구도 행복할 수 없으며 누구와도 평화를 나눌 수 없다.

# 바라밀

바라밀이란 완성을 의미한다.

그래서 깨달음의 세계인 피안으로 건너가기 위해서
반드시 필요한 뗏목이다.

그러나 뗏목은 피안으로 건너가기 위해서 필요한 도구이지
그것 자체가 목표는 아니다.

그러므로 이러한 바라밀을 통하여
수행의 통찰지혜를 얻어야 한다.

수행자의 이상인 깨달음의 세계로 간다는 것은
모든 고통의 바다를 건너서 가장 완전한 세계로 가는 것이다.

이렇게 하기 위해서는 선업의 공덕을 쌓아야 하는데
이것을 바라밀이라고 한다.

바라밀은 모두 열 가지의 실천적 덕목이 있다. 보시, 지계,
출가, 지혜, 정진, 인내, 진실, 발원, 자비, 평정을
행하는 것이다.

이러한 바라밀과 함께 위빠사나 수행을 해야
비로소 건너편 언덕에 다다라 모든 번뇌가 소멸한다.

바라밀은 모든 존재들에 대한
연민의 마음으로 행해져야 한다.

그리고 명확한 이성에 의해 이끌려야 한다.
감성적인 마음에 이끌려서는 안 된다.
그렇지 않으면 정해진 길을 갈 수가 없다.

이러한 행위가 있을 때만
비로소 잘못된 믿음과 유신견이 소멸되어
지고의 행복을 얻을 수 있다.

# 불만족

태어난다는 것은 항상 많은 위험이 따르기 때문에
그것 자체가 불만족이다.

태어났으면 반드시 죽어야 하기 때문에
태어남은 불만족이다.

또 사는 동안 육체적 고통과 정신적 고통과 절망이
따르기 때문에 산다는 것은 불만족이다.

싫어하는 것과 만나는 것도
불만족이며

좋아하는 것과 헤어지는 것도
불만족이다.

원하는 것을 얻지 못하는 것도
불만족이다.

그래서 몸과 마음이라는 오온을 가지고 있는 것도
불만족이지만,

몸과 마음을 집착하기 때문에
불만족이 더욱 커진다.

하지만 이렇게 불만족이 당연한 것이라고 해서
결코 불만족을 해결할 수 없는 것은 아니다.

누구나 불만족에서 벗어나기 위해 여러 가지 노력을
하지만 불만족에서 벗어나는 바른 방법을 모른다.

이러한 방법을 모르면 결코 불만족에서 해방될 수 없다.

만족할 수 없을 때는 그것을 없애려고 하지 말고
있는 그대로 지켜봐야 한다.

그러면 불만족은 단지 대상일 뿐이며,
생길만해서 생긴 것이라는 원인과 결과를 알게 된다.

이렇게 될 때 불만족은 오히려 지혜를 주는 대상이다.

# 지킴이

나를 지켜줄 것은 오직 자신밖에 없다.
자신의 일은 자신의 마음이 결정하기 때문이다.

그러므로 항상 자기 자신의 몸과 마음을
의지처로 삼아야 한다.

모든 것이 불확실한 세상에서
이것만이 가장 안전한 길이다.

자신의 바른 믿음이 자신을 지켜주고
자신의 바른 노력이 자신을 지켜준다.

자신의 바른 알아차림이 자신을 지켜주고
자신의 바른 집중이 자신을 지켜준다.

이러한 조건이 성숙되어서 얻어진
자신의 지혜가 완전하게 자신을 지켜준다.

외부의 어떤 힘도 자신을 지켜줄 수 없다.
이것이 진리다.

그러므로 나를 지켜 줄 것은 오직 진리밖에 없다.
모든 일은 진리로 귀의하기 때문이다.

항상 자기 자신을 의지처로 삼아야 하며
위대하신 스승의 가르침인 법을 의지처로 삼아야 한다.

진리는 변한다는 것과, 괴로움이 있다는 것과
자아가 없다는 것이다.

그래서 자신의 몸과 마음이 변한다는 것을
기본으로 삼아야 하며

자신의 몸과 마음이 괴로움이라는 것을
기본으로 삼아야 하며

자신의 몸과 마음이 내가 아니라는 것을
기본으로 삼아야 한다.
이 길에서 자신을 지키는 힘이 나온다.

# 움직임

모든 것은 움직인다.
생물도 움직이며 무생물도 움직인다.

움직이기 때문에 생성하고 움직이기 때문에 소멸한다.

이것이 바로 일어나고 사라지는 것이다.
일어나고 사라지는 것이 변하는 것이고, 이것이 무상이다.

지혜의 눈으로 보면 매순간 변하기 때문에
이 세상에 같은 것은 하나도 없다.

그러니 무엇을 붙잡을 수 있단 말인가?

가는 것도 가도록 붙잡지 말고 지켜보며,
오는 것도 오도록 막지 말고 받아들여야 한다.

몸과 마음은 매 순간 일어나고 사라진다.

그래서 조금 전의 몸과 마음이 현재의 몸과 마음이 아니며,
현재의 몸과 마음이 조금 후의 몸과 마음이 아니다.

몸과 마음은 매 순간 일어나고 사라지기 때문에
매 순간이 생일이다.

현재의 마음은 과거의 마음이 아니며
과거의 어디에서 온 것도 아니다.

단지 과거를 원인으로 한 현재의 마음이라는 결과가 있다.

또 현재의 마음이 미래로 가는 것이 아니며
어떤 장소로 가는 것도 아니다.

미래로 가는 것은 과보일 뿐이지
현재의 내가 가는 것이 아니다.

이것이 무아다.

# 수행의 위험

수행은 신앙과 달리 위선적인 요인은 없지만
독선의 요인이 있을 수 있다.

수행은 자신이 직접 실천하는 것이기 때문에
모르면서도 무조건 믿는 신앙과는 다르다.

특히 위빠사나 수행은
몸과 마음이라는 사실에 근거하기 때문에
맹목적이지 않고 이성적이며 합리적이다.

하지만 수행은 눈에 보이지 않는 정신세계라서
객관적인 검증이 어렵다.

그러므로 수행자는 자신의 수행방법이 최고라는
자만에 빠지기 쉽고 또 내가 최고라는 아상我相이 생기기 쉽다.

그래서 수행은 항상 이러한 두 가지의 위험이 상존한다.

수행이 이러한 독선으로 흐르지 않기 위해서는
사마타 수행에 머물러서는 안 된다.

반드시 몸과 마음의 실재하는 현상을 알아차리는
위빠사나 수행을 해서 해탈의 지혜를 얻어야 한다.

그렇지 않으면 자만과 아상에서 벗어나기 어렵다.

위빠사나 수행을 한다고 하더라도
몸을 알아차리는 수행에 그쳐서는 안 된다.

느낌과 마음을 알아차리는 수행을 해야
독선의 위험이 배제된다.

이렇게 수행을 할 때만
법을 알아차리는 수행을 완성한다.

# 궁극의 목표

모든 생명들의 궁극의 목표는 무엇일까?
그것은 불행이 아닌 행복일 것이다.

하지만 우리가 알고 있는 행복이
과연 진정한 행복인지에 대해서는 확신할 수 없다.

왜냐하면 자신이 행복을 얻었다고 해서
완전한 자유를 얻을 수는 없기 때문이다.

마음을 가진 모든 생명들의 마지막 희망은 열반이다.

열반은 탐욕과 성냄과 어리석음이 불타버린
지고의 행복이기 때문이다.

열반은 나고 죽는 고통으로부터 벗어나서
윤회가 끝나는 해탈이기 때문에 최고의 가치를 지닌 것이다.

모든 것에는 과정이 있듯이
열반으로 가는 도를 성취하기 위해서는
반드시 세 가지 도의 과정을 거쳐야 한다.

처음에 근본 도부터 시작하여,
다음으로 전단계의 도를 거쳐서
마지막에 성스러운 도에 이르러야 한다.

첫 번째의 근본 도는
연기의 원인과 결과를 아는 도다.

그래서 업은 지은 사람이 받는다는 견해를 가지고
선행을 하는 것이다.

두 번째의 전단계의 도는
위빠사나 수행을 해서 무상, 고, 무아의 지혜를 얻는 것이다.

세 번째의 성스러운 도는 열반을 성취하는 것이다.

# 마음

마음은 보이지 않지만 모든 것을 이끈다.

마음이 있어서 몸이 있고
마음이 있어서 대상을 안다.

마음이 있어서 보고, 듣고, 냄새 맡고,
맛보고, 접촉하고, 생각한다.

언제나 앞서서 이끄는 마음이 있어서
몸의 행위가 뒤따른다.

그리고 거기에 하나의 새로운 세계가 열린다.

마음이 있는 곳에 하나의 세계가 있다.
마음이 자신의 몸과 마음으로 오면

자신의 몸과 마음의 세계가 있고,
마음이 몸 밖으로 나가면 밖에 있는 세계가 있다.

마음이 일어날 때마다
하나의 세계가 열린다고 알아야 법을 보는 것이다.

마음이 자신의 몸과 마음으로 오거나
밖으로 나가 사물을 볼 때

알아차림이 없는 세계와
알아차림이 있는 세계가 있다.

알아차림이 없는 세계는 고정관념의 세계이며
알아차림이 있는 세계는 실재하는 세계다.

그러므로 마음이 대상과 부딪칠 때 알아차림이 있으면
대상을 있는 그대로 알 수 있다.

궁극의 진리는 실재하는 세계에만 있다.
아무리 사소한 것이라도 문제라고 보면
그 문제는 점점 더 커진다.

이는 마음이 집착을 하기 때문이다.
그러나 알아차리면 단지 대상으로 보여
대상의 성품을 알 수 있다.

# 네 가지 마음

인간은 누구나 네 가지의 기본적인 마음을
가지고 태어난다.

마음은 하나이지만 마음에 잠재되어 있는
종자를 가지고 있다.

네 가지 마음은 선심과 불선심과
과보심과 무인 작용심이다.

그러므로 누구나 선한 마음과 선하지 못한 마음을
함께 가지고 있다.

여기에 행위에 따른 과보의 마음으로,
선한 과보심과 선하지 못한 과보심을
함께 가지고 태어난다.

이상 세 가지 마음은 원인과 결과가 있는 마음이다.

그리고 마지막 마음인 원인과 결과가 끊어진
무인 작용심을 가지고 태어난다.

바로 이 마음이 부처님과 아라한의 마음이다.
이상의 네 가지 기본적인 마음이 다양한 조건에 의해
121가지의 마음으로 나뉜다.

그러므로 어떤 상황에서 어떤 마음이 일어 나는가
하는 것은 다분히 각각의 조건에 의해 결정된다.

사람의 마음이 일정하지 못하고
매순간 선하거나 선하지 못한 마음으로 변하는 것도
이러한 마음의 종자를 가지고 있기 때문이다.

수행자가 수행을 하는 것은 앞선 세 가지 마음 외에
마지막 마음인 원인과 결과가 끊어진
아라한과 부처님의 마음을 갖기 위한 것이다.

# 무지와 지혜

모르면 당하고 알면 당하지 않는다.
모르는 것은 무지고 아는 것은 지혜다.

모르면 번뇌를 끊을 수 없고 알면 번뇌를 끊는다.
모르면 윤회를 하고 알면 윤회를 하지 않는다.

그래서 누구나 지혜를 얻기 위해서 노력해야 한다.

어떻게 하면 지혜를 얻을 수 있는가?
지혜는 지식을 뛰어넘어서
대상을 통찰할 때 나타난다.

이러한 통찰지혜를 얻기 위해서는
먼저 자신의 몸과 마음을 알아차려야 한다.

다음으로 몸과 마음에 나타난 현상을
모두 알아차릴 대상으로 삼아 지속시켜야 한다.

자신의 몸과 마음이 아닌 밖에 있는 것을
대상으로 하는 수행에서는 지혜를 얻을 수 없다.

밖에 있는 것을 볼 때는
내가 본다는 유신견을 가지고 보기 때문에 법을 보지 못한다.

오온으로 인해 생긴 문제의 답은
오온에서 얻어야 한다.

또 자신의 몸과 마음에서 나타난 대상을
바라거나 없애려고 해서는 안 된다.

바라거나 없애려고 하는 것이 탐욕과 성냄이며
이것이 어리석음이다.

어떤 현상이 나타난 것을 그대로 알아차려야
지혜가 계발된다.

# 관리

탐욕과 성냄과 어리석음의 번뇌가 사라진
해탈의 자유는 모든 인간의 가장 고귀한 이상이다.

이러한 자유는 그냥 주어지는 것이 아니다.
반드시 적절한 노력을 해야 주어진다.

자유는 자신을 관리할 때만
얻을 수 있는 유산이다.

자신에 대한 관리가 없으면 방임이며,
방임은 자신의 욕망대로 사는 것이다.

그러므로 관리하는 자는
자유를 얻고

스스로를 방임하는 자는
속박을 당하면서 살아간다.

자신의 몸과 마음을 감각적 욕망에 사로잡히도록
방치해서는 결코 자유를 얻을 수 없다.

그러므로 항상 자신을 관리해야 한다.

이렇게 관리하는 것을 알아차림이라고 하며
수행이라고 한다.

수행은 특별한 것이 아니고
언제나 나타난 대상을 알아차리는 행위이다.

자신을 관리하는 것이 절제하는 것이다.
이러한 절제가 계율을 지키는 것이다.

계율을 지키면 감각적 욕망과 극단적 고행을 하지 않아
평온을 유지할 수 있다.

반드시 이러한 과정을 거쳐서 궁극의 자유를 얻는다.

계율이라는 도덕적 규범이 없으면
번뇌를 끌어들이는 위험에 노출된 것이다.

# 업

업은 행위를 말한다.
이 행위가 의도에 의해 일어났을 때를 업이라고 한다.

그러므로 의도가 개입되지 않은 행위는 업이 아니다.
그래서 의도가 있는 행위가 업이고,
이러한 업은 반드시 과보가 있다.

이것을 업 자성이라고 한다.
그러나 의도가 없는 행위는 업이 아니기 때문에
업의 과보가 없다.

이와 같은 업과 업의 과보를 원인과 결과라고 한다.
이것을 인과응보라고 하거나 또는 업력이라고 한다.

이처럼 인간은 항상 바라는 마음으로 행위를 하여
업을 만들고 이렇게 업의 힘을 생성시킨 결과로
다음 생이 연결된다.

이때 업의 힘은 나의 힘이 아니고
조건에 의해 일어난 힘이며,
이 힘은 일어났다가 순간적으로 사라진다.

여기에 나라고 하는 자아는 없다.
그러므로 자체적인 업의 힘으로 태어난 것을
재생이라고 한다.

그러나 자아가 있어서 다시 태어난다고 하면
환생으로 이것은 잘못된 견해다.

위빠사나 수행을 하면 무아를 알아 갈애를
일으키지 않기 때문에 재생연결의 업력을 끊는다.

태어남은 또 다른 괴로움의 시작이기 때문에
윤회에서 벗어나는 것이야말로
최상의 결과를 얻는 것이다.

# 중요한 일

세상을 살면 여러 가지 좋지 않은 일로 인해
고통을 겪기 마련이다.

하지만 좋지 않은 일만 문제가 있는 것이 아니다.
좋은 일도 문제가 있기는 마찬가지다.

그러므로 좋다고 해서 모든 것이 다 좋은 것은 아니다.
좋지 않으면 싫어하기 때문에 화를 내고,
좋으면 좋기 때문에 집착을 한다.

그렇기 때문에 두 가지가 똑 같이 고통스러운 일이다.

좋다고 해서 집착을 하면
오히려 더 큰 괴로움을 겪는다.

좋지 않은 일도
알아차리면 좋아진다.

좋은 일도 알아차려서 집착하지 않으면
더 좋은 결과를 얻을 수 있다.

그러므로 무슨 일이나 좋거나 좋지 않은 것이 중요하지 않다.
오직 알아차렸느냐 알아차리지 못했느냐 하는 것이 중요하다.

세상의 일에는 내 입장과 상대의 입장이
부딪치기 마련이라서 좋은 일과 좋지 않은 일이 있다.

만약 좋은 일만 있다면 자기도취에 빠져 감각적 욕망을 즐
기거나 자기만 아는 사람이 된다.

좋지 않은 일만 있다면 염세주의에 빠져 매사를 비관적으로
보거나 상대를 공격하는 폭력적인 성향을 갖는다.

그러므로 언제나 있는 그대로의 대상을 알아차려서
중도적인 견해를 가져야 한다.

# 자기관리

알아차린다는 것은 자기 관리를 하는 것이다.
알아차리면 계율을 지켜 마음이 고요해지고 지혜가 난다.

이것이 모두 자신을 관리해서 얻는 것이다.

자신을 관리할 때만이 스스로 보호받을 수 있으며
남도 보호한다. 자신을 관리하지 못하면 남에 대해서도
무책임한 행동을 할 수 있다.

수행자가 엄격한 것은 개인이 냉정해서라기보다
법을 지키려는 자기관리 때문이다.

감각기관의 문을 지키는 문지기가 엄격하지 않을 때는
자신의 몸과 마음을 보호할 수 없다.

그러므로 어떤 경우에도 바른 수행자의 행위는
존중되어야 한다.

수행을 하면 상대에게 차갑다는 인상을 줄 수도 있다.
이것은 수행자가 자기 자신을 알아차리고 있기 때문이다.

만약 알아차리지 않을 때는 좋으면 좋은 표정을 짓고,
나쁘면 나쁜 표정을 지을 것이다.

또는 표정이 드러나지 않더라도
좋고 싫은 감정을 가질 것이다.

그러나 수행을 하면 자신의 감정을 조절하기 때문에
겉으로 드러난 표정은 차가워보여도
내면에는 청정함이 있다.

그러므로 수행자의 행위를 일상적인 기준으로 판단하지 말고
있는 그대로 존중해 주어야 한다.

# 현재의 마음과 과보의 마음

자신의 마음이 현재의 생각을 결정한다.
자신의 마음이 인격을 결정한다.

자신의 마음이 현재의 행위를 결정한다.
자신의 마음이 앞으로 남은 생을 결정한다.

자신의 마음이 다음 생을 결정한다.
모든 일은 자신의 마음이 앞에서 이끈다.

자신의 견해가 바르면 바른 결과가 있고
바르지 못하면 나쁜 결과가 있다.

자신의 견해가 바르면 현재도 좋고 미래도 좋다.
그러나 바르지 못하면 현재도 괴롭고 미래도 괴롭다.

모든 선택은 자신의 마음이 한다.

그러므로 다른 사람이 자신을 지배하지 않는다.

자신의 마음에는 현재의 마음과

전에 만들어진 행위에 따라서 나타나는 과보심이 있다.

현재 자신의 마음이 선할 때는

과거에 만들어진 선한 과보심이 나타나 영향을 준다.

현재 자신의 마음이 선하지 못할 때는

과거에 만들어진 선하지 못한 과보심이 나타나 영향을 준다.

자신이 선한 마음을 먹고 싶어도

이미 만들어진 선하지 못한 과보심이 나타나면

선한 마음을 먹을 수가 없다.

또 자신이 선하지 못한 마음을 먹을 때도

이미 만들어진 선한 과보심이 나타나면 선한 마음을 갖는다.

# 다른 마음

사람의 얼굴이 모두 다르듯이
사람의 마음도 모두 다르다.

그러므로 사람은 각기 다른 성향을 가지고 있다.
각자의 성향은 오랫동안 내려온 잠재의식이라서
쉽게 바뀔 수 있는 것이 아니다.

그래서 나의 의견도 중요하지만
상대의 의견도 존중해야 한다.

자신과 다른 뜻을 가졌다고 해서 모두 적이 아니다.
다른 뜻을 가졌다고 해도 뜻이 바르면 동지다.

뜻이 같아도 행실이 바르지 못하면 동지가 아니다.
뜻이 달라도 행실이 바르면 동지다.

그래서 바른 마음가짐이 중요하며
모두가 자기 마음과 똑 같기를 바라지 말아야 한다.


사람의 마음을 완전하게 통합하기는 어렵다.
그래서 좋은 것을 모아 봉합하는 것이 지혜다.


그러므로 바른 마음을 가지고 바른 행위를 하면
서로가 가는 길이 달라도 모두 존중해야 한다.


잘못한 것은 알아차릴 대상이고
바른 것은 존경할 대상이다.


세상은 많은 생각들이 모여서 강물처럼 흘러가는 곳이다.
내 생각도 생각에 불과한 것이고
다른 사람의 생각도 생각에 불과한 것이다.


생각이란 조건에 따라 일어나서
조건에 따라 사라지면서 강물처럼 흘러가는 것이다.

# 진정한 승리

누가 승리자인가?

얼굴이 잘생기고 인기가 있는 유명한 사람이 승리자인가,

높은 지위를 얻은 자인가, 돈을 많이 번 자인가,

이것을 진정한 승리라고 하기는 어렵다.

이것들이 겉으로는 승리처럼 보이지만

정신적인 자유를 얻은 것이 아니라서

오히려 괴로움의 원인이 될 수 있다.

진정한 승리는 자신의 감각기관을 알아차려서

외부와 내부에서 일어나는 감각적 욕망을 제어하는 것이다.

그러므로 감각적 욕망으로 얻은 자기만족의 결과를

승리라고 할 수 없다.

감각기관을 통해서 일어나는 모든 욕망은 달콤하지만
그 결과는 괴로움이다.

어떤 것을 얻어도 만족할 수 없기 때문이다.

그러므로 나타나는 모든 대상을 알아차려서
불만족으로부터 자유로운 사람이 진정한 승리자다.

얻으면 만족할 줄 아는 자가 승리자다.
그러나 세상의 부귀영화는 얻으면 얻을수록
더 얻고 싶어 하기 때문에 만족할 수 없다.

감각적 욕망을 알아차려서 제어하면
승리는 있어도 승리한 자가 없다.

이렇게 고양된 정신적 상태가 되어야
해탈의 자유를 얻어 진정한 승리자가 된다.

# 수행의 과정

모든 일에는 단계적인 과정이 있듯이 수행도 마찬가지다.
처음부터 완벽한 수행을 할 수가 없다.


그러므로 처음에는 수행이 잘 안 되는 것을
아는 것으로부터 시작해야 한다.


수행을 잘 하려고만 하면 탐욕으로 하는 것이다.
수행은 무엇이나 나타난 현상을
알아차리기 위해서 해야 한다.


수행 중에 나타난 현상은
무엇이든 두려워하지 말아야 한다.

설령 극심한 고통이 와도
수행을 하다 죽지 않는다는 믿음을 가지고 해야 한다.
사실, 수행을 하다가 죽을 수만 있다면 가장 큰 복덕이다.

수행은 먼저 몸의 모양을 알아차리는 것이 좋다.

처음에는 대상에 마음을 보내는 것이 어렵기 때문에
알아차리기 쉬운 몸을 알아차려서 마음을 머물게 해야 한다.

마음이 대상에 머물면 차츰 알아차리는 힘이 생겨
대상의 고유한 특성인 법을 알 수 있다.

모양은 단순한 것이라서 변화를 볼 수 없어 싫증이 난다.
그러나 고유한 특성을 알아차리면
끊임없이 변화하는 성품을 볼 수 있어 싫증이 나지 않는다.

수행은 자신이 할 수 있는 과정을 충실히 해야 한다.
그래야 바른 지혜를 얻는다.

# 해방된 자

수행자는 새로운 선한 원인을 만드는 자다.


새로운 선한 원인을 만들면
반드시 그에 따른 선한 결과가 있다.


위빠사나 수행을 한다는 것은 기존의 인습적이고
전통적인 고정관념으로부터 벗어나서
사물을 있는 그대로 알아차리는 것이다.


이것이 새롭게 가장 훌륭한 원인을 만드는 것이다.


지금까지 누구도 대상을 있는 그대로 볼 수 없었다.
지금까지 자신이 살아온 습관대로 보았기 때문에


대상을 탐욕으로 보았으며, 화를 내면서 보았으며,
어리석은 마음을 가지고 보았다.

그래서 탐욕과 성냄과 어리석음을 집착하여
스스로를 구속하면서 살았다.

그러나 위빠사나 수행의 알아차림으로 보면
축적된 성향을 가지고 보지 않기 때문에
어떤 현상에도 걸리지 않는다.

그러므로 수행자는 세속에서 말하는
사주가 통하지 않고 관상이 통하지 않는다.

이것이 바로 거미줄에 걸리지 않는 바람처럼
과보에 걸리지 않는 것이다.

설령 불선업의 과보로 인해 고통스러운 일을 당해도
모든 것들이 단지 알아차릴 대상일 뿐이라서
수행자를 속박할 수 없다.

그래서 수행자는 자유롭고 해방된 자다.

# 집착의 원인

위빠사나 수행자가 머물러야 할 장소는
오직 자신의 몸과 마음이다.

감각기관이 밖에 있는 감각대상과 부딪칠 때는
알아차리는 마음이 자신의 감각기관에 있어야 한다.

마음이 밖으로 나가면 공연히 좋다거나 싫다는 반응을 하여
불필요한 번뇌를 일으킨다.

사람을 볼 때 마음이 밖으로 나가면
보는 사람에 대해서 좋다거나 싫다는 시비를 한다.

이것이 느낌에서 갈애로 넘어가는 것이다.
갈애로 넘어간 느낌은 더욱 강력한 갈애인
집착을 일으켜 돌이킬 수 없는 행위를 한다.

이것은 아무런 소득이 없고
오히려 스스로를 혼란에 빠뜨리는 일이다.


수행자가 사람을 볼 때
사람을 보고 있는 자신의 마음을 보면
사람이 단지 알아차릴 대상일 뿐이라서
좋거나 싫다는 차별이 일어나지 않는다.


이렇게 하면 자신의 마음이 평온해질 뿐만 아니라
고요한 마음으로 인해 선업을 행하고
그 과보로 지혜를 얻을 수 있다.


이처럼 소리, 냄새, 맛, 접촉, 생각과 부딪칠 때마다
마음을 감각기관에 두고 알아차려야
마음이 흔들리지 않고 고요함을 얻는다.


인식하는 장소는 감각기관이므로 이것만이 실재한다.

# 바른 말

바른 말이라고 해서 세상을 전부 바르게 이끌지는 못한다.

바른 말은 그 말을 이해하거나
받아들일 준비가 된 사람에게만 영향을 미칠 수 있다.

바른 말은 바르게 살기를 원하는 사람에게만 길잡이가 된다.
그러므로 모든 것은 자신이 선택하는 것이다.

법이 있어도 필요한 사람에게 법이지
모든 사람에게 똑 같은 법이 아니다.

바른 것이라고 해서 무조건 상대에게 강요하지 말아야 한다.
바른 말을 하되 상대가 받아들이지 않으면
때를 기다려야 한다.

아직 조건이 성숙되지 않았는데도 주려고만 한다면
순기능보다 역기능이 생긴다.
그래서 본래의 바른 취지에서 벗어난다.

상대가 받아들이지 않는다고 할 말을 하지 않아서는 안 된다.
교육도 수행이므로 필요한 말은 해야 한다.

다만 말하는 시기와 타인의 입장을 존중하는 자세가
필요하다.

말을 할 때는 말하는 사람이 자애로 말하는가
탐욕이나 화를 내면서 말하는가를 알아차리고 해야 한다.

바른 말이라고 해도 자신의 감정을 개입시키지 않고
상대의 입장을 이해하는 자세로 말을 해야 한다.

이렇게 말하는 것이 중도며 위빠사나 수행이다.

# 정신세계

정신세계는 각각의 고유한 영역이 있어서 자신의 정신이
아닌 다른 차원의 정신세계를 이해하기가 어렵다.


정신세계의 수준은 겉으로 드러나지 않아서
비교할 수 없기 때문에 누구나 자신의 고유한 영역에서
자신만의 성을 쌓고 그 안에 안주하기 마련이다.


범부는 수행을 하지 않기 때문에
선정수행의 고요한 단계를 이해하기 어렵다.


선정수행을 하는 사람은
위빠사나 수행의 지혜의 단계를 이해하기 어렵다.


위빠사나 수행자는 도과를 성취한 지혜의 단계를
이해하기 어렵다.

같은 도과라고 해도 낮은 단계는
높은 단계의 도과를 이해하기 어렵다.


수행은 비교할 수가 없으므로
다른 수행방법에 대한 평가를 내릴 수가 없으며
다른 수행자의 지혜를 측정할 수가 없다.


그래서 수행은 자신이 최고며
자신이 하는 수행이 최고라는 잘못된 견해를 가질 수 있다.


이러한 잘못된 견해는 위빠사나 수행을 해서
도과를 성취해야 비로소 사라진다.


앞서간 스승들의 훌륭한 가르침을 만나는 것도 선업이 있어야
하며 가르침을 실천하는 것도 선업이 있어야 한다.


만약 그런 선업이 없다면 지금부터 부단히 노력해서
수행을 해야 한다. 수행이 최고의 선업이기 때문이다.

# 분명한 앎

수행자가 알아차려야할 대상은 자신의 몸과 마음이다.
알아차려야 할 장소도 자신의 감각기관인
안, 이, 비, 설, 신, 의가 되어야 한다.

그러므로 감각기관이 아닌 외부의 장소,
즉 감각대상인 색, 성, 향, 미, 촉, 법으로 인해
어떤 영향도 받아서는 안 된다.

단지 알아차려야 할 장소에서 알아차려야 할 것을
대상으로 삼아야 한다.

수행자가 어떤 지역은 기운이 좋아 수행이 잘 되고 어떤
지역은 기운이 나빠 수행이 잘 안 된다고 해서는 안 된다.

이것은 알아차릴 대상이 아닌 장소의 영향을 받은 것이다.
이는 밖에 있는 장소의 영향으로 인해 자신의 마음이
흔들리고 그래서 몸까지 흔들린 것이다.

설령 수행하기에 적합하지 않은 대상이나 장소라고 하더라도
그것은 밖에 있는 조건이지 자신의 조건이 아니다.
그러므로 어느 곳에서나 자신만의 조건을 성숙시켜야 한다.

수행자는 자신의 몸과 마음을 대상으로 하고
알아차릴 장소인 감각기관을 벗어나지 않아야
외부의 자극으로 인해 흔들리지 않는다.

마음을 알아차릴 영역에 두는 것이
분명한 앎을 하는 것으로, 이것이 지혜다.

그외

1. 자신부터
2. 나눔
3. 사람의 마음
4. 사람으로 태어나서
5. 행복과 불행

# 자신부터

자신을 알아차리는 것보다 다른 사람부터
의식하는 것은 진실한 삶이 아니다.

남을 지나치게 의식하면 자신의 삶을
사는 것이 아니고 남의 삶을 사는 것이다.

남을 의식하는 삶은 고단할 뿐더러
불필요한 노력을 많이 하므로 번뇌가 많다.

우선 자신의 몸과 마음을 알아차려서
고요함을 얻는 것이 일의 바른 수순이다.

자신의 평온함이 선행되어야
비로소 남을 받아들일 수 있다.

자신의 통찰이 선행되지 않으면 그 삶은
부실한 것이고 누구와도 더불어 살 수가 없다.

# 나눔

사람들은 자기 이익에 충실하다.
나의 이익만 얻고자 한다면
남의 이익을 용납할 수가 없다.

서로가 이익을 나눌 수 없으면
이기적일 수밖에 없고
선하지 못한 행위를 하게 된다.

수행자의 정신세계에서는
나와 남의 이익을 공유하여
다툼이 없고 평등하다.

진리는 특정인의 것이 아니고
누구나 나누어 가질 수 있으며
마르지 않는 샘물과 같다.

# 사람의 마음

사람으로 태어나기 어렵고
사람답게 살기는 더 어렵다.


사람이 되어 사람의 마음을 가졌는가.
사람이면서 동물의 마음을 가졌는가.


자기 직분에 맞는 마음을 가졌는가.
직위로 입은 옷에 숨겨진 다른 본성은 없는가.


권리를 주장하는 마음을 가졌는가.
의무를 다하는 마음을 가졌는가.


사람으로 태어난 사명감은
더 향상된 마음을 갖기 위한 것이다.


보다 고양된 마음을 갖는 것이
오늘을 사는 가장 이상적인 보람이다.

# 사람으로 태어나서

사람으로 태어나서 해야 할 일 중에
가장 고귀한 일은 행복을 얻는 것이다.


범부의 행복은 감각적 욕망이지
진정한   행복이 아니다.


행복이란 만족할 수 있어야 하는데
범부의 행복은 얻을수록 불만족스럽다.


얻고서 만족할 수 있는 행복은
평등심 이후에 오는 해탈의 지혜다.


어리석음과 갈애가 끊어진 자리에서
가장 고귀한 행복이 실현될 수 있다.

# 행복과 불행

행복과 불행은 밖에서 오는 것이 아니고
자신의 마음이 직접 결정하는 것이다.

밖에서 불행을 경험했을 때에도
불행을 알아차리면 행복으로 바뀌게 된다.

밖에서 행복을 경험했을 때에도
행복을 알아차리지 못하면 불행으로 바뀐다.

밖에서 오는 행복과 불행은 밖에 있는 조건이
결정하는 것이므로 완전한 것이라고 할 수 없다.

오직 자신의 내면에서 결정되는 것만이
진정한 것이며 완전한 행복이 될 수 있다.

# < 한국명상원 강좌 안내 >

◆ 매주 화요일 저녁반
'마음을 알아차리는 수행' 안내


　　한국 명상원에서는 **2011년 2월 8일 화요일부터** '마음을 알아차리는 수행'을 시작합니다. 마음을 알아차리는 수행에 대한 법문과 함께 위빠사나 수행을 하는 저녁반 강좌를 개설합니다. 낮에 시간이 없는 의료인과 직장인을 위해 매주 화요일 저녁 7시부터 법회를 시작합니다. 특히 의료인 중에서 정신과에 관심이 있으신 분이 참여하시면 도움이 될 것입니다.


　　**교재는 도서출판 행복한 숲에서 발행한 대념처경 주석서 2권과 3권입니다.** 교재 대념처경 주석서와 함께 같은 내용이 CD로도 제작되어서 두 가지를 모두 이용하실 수도 있습니다.


　　마음을 알아차리는 수행은 위빠사나 수행의 네 가지 대상인 몸, 느낌, 마음, 법 중에서 마음에 대한 부분입니다. 모든 것은 마음이 이끕니다. 그래서 마음을 알아차리는 수행을 하면 대상의 뿌리에 접근하는 것이라서 매우 탁월한 수행효과가 있습니다.

　　법문이 끝나면 위빠사나 수행의 기초과정부터 경행, 좌선, 면담을 하는 순서로 진행됩니다. 위빠사나 수행을 경험했거나, 경험하지 않은 수행자나 모두 함께 수행을 배울 수 있습니다. 또 어느 특정한 종교에 구애받지 않고 누구나 자유롭게 배울 수 있습니다.

위빠사나 수행 중에서 마음을 알아차리는 수행은 일반적으로 접하기 어려운 수행입니다. 또 마음에 대한 것은 책을 통해서 배우기가 어려우므로 법문을 듣고 직접 지도를 받아야 합니다. 그리고 수행 후에 면담을 받으시면 수행이 발전합니다.


1. 개강일시 : 2011년 2월 8일(화요일) 저녁 7시 - 9시 30분

2. 수행일시 : 매주 화요일 저녁 7시 - 9시 30분(주 1회)

3. 법문 및 위빠사수행 : 심념처 법문과 경행, 좌선, 면담

4. 교재 : 대념처경 주석서 2권, 3권 (각권 1만 5천원)

5. 법문 및 수행지도 : 묘원(한국명상원 원장)

6. 동참금 : 매월 5만원

7. 은행구좌 : 국민은행 096301-04-036021

                    (사)상좌불교 한국명상원

8. 한국명상원에 매월 5만원 이상을 자동이체(CMS)하시는 운영회원께서는 무료로 수강하실 수 있습니다. 운영회원이 되시면 한국 명상원에서 하는 모든 강좌를 무료로 수강하실 수 있습니다.


(사) 상좌불교 한국 명상원 (주) 도서출판 행복한 숲

주소 : 서울시 강남구 논현동 98-12 청호불교문화원 나동 306호

전화 : 02-512-5255/5258   팩스 : 02-512-5856

E-mail : sukha5255@hanmail.net
http://cafe.daum.net/vipassanacenter

◆ 매주 목요일 낮 반

‘미소 지으며 죽는 법’ 법회 안내

한국 명상원에서는 20011년 2월 10일(목) 오후 2시부터 **목요 수행반**을 개설합니다.  연기는 원인과 결과를 밝히는 매우 중요한 지혜입니다. 이러한 연기의 지혜가 나서 모든 의문에서 벗어나야 비소로 바른 위빠사나 수행을 할 수 있습니다. 그러므로 연기는 위빠사나 수행을 하기 전에 반드시 거쳐야 하는 지혜의 과정입니다.

**교재는 ‘모곡 사야도의 12연기 시리즈 3’으로 ‘미소 지으며 죽는 법’입니다.**

누구나 죽습니다. 그러나 누구도 죽음을 준비하지 않습니다. 그래서 자신의 죽음에 대해서 생각하려고 하지 않습니다. 이렇게 죽음에 대해 준비가 되지 않았기 때문에 죽음이 두렵습니다. 그래서 죽기 전에 할 일을 하지 못할 뿐만 아니라 죽을 때 고통스럽게 죽어야 합니다. 그러나 죽음을 준비하면 미소 지으며 죽을 수 있습니다. 이것보다 더 큰 행복은 없으며, 이것보다 더 중요한 일은 없습니다.

12연기 법문이 끝나면 위빠사나 수행의 기초과정부터 경행, 좌선, 면담을 하는 순서로 진행됩니다. 위빠사나 수행을 경험했거나, 경험하지 않은 수행자나 모두 함께 수행을 배울 수 있습니다. 또 어느 특정한 종교에 구애받지 않고 누구나 자유롭게 배울 수 있습니다.  또 위빠사나 수행은 책을 통해서 배우기가 어려우므로 법문을 듣고 직접 지도를 받아야 합니다. 그리고 수행 후에 면담을 받으시면 수행이 발전합니다. 아무쪼록 용기를 내서 좋은 기회를 선택하시기 바랍니다.

1. 개강일시 : 2011년 2월 10일(목요일) 오후 2시 - 5시 30분.

2. 수행기간 : 2011년 2월 10일 - 2011년 5월 26(4개월)

3. 수행일시 : 매주 목요일 오후 2시 - 5시 30분(주 1회).
　　　　　　단 공휴일은 휴강합니다.

4. 법문 및 위빠사나 수행 : 12연기 법문과 경행, 좌선, 면담

5. 교재 : '미소 지으면서 죽는 법' (값 1만원)

6. 법문 및 수행지도 : 묘원(한국명상원 원장)

7. 동참금 : 20만원

8. 은행구좌 : 국민은행 096301-04-036021
　　　　　　(사)상좌불교 한국명상원

9. 한국명상원에 매월 5만원 이상을 자동이체(CMS)하시는 운영회원께서는 무료로 수강하실 수 있습니다. 운영회원이 되시면 한국 명상원에서 하는 모든 강좌를 무료로 수강하실 수 있습니다.


(사) 상좌불교 한국 명상원 (주) 도서출판 행복한 숲

주소 : 서울시 강남구 논현동 98-12 청호불교문화원 나동 306호

전화 : 02-512-5255/5258  팩스 : 02-512-5856

E-mail : sukha5255@hanmail.net
http://cafe.daum.net/vipassanacenter

## ◆ 매주 토요일 저녁반
### '마음을 알아차리는 수행' 안내

한국 명상원에서는 2011년 2월 12일 토요일부터 '마음을 알아차리는 수행'을 시작합니다. 마음을 알아차리는 수행에 대한 법문과 함께 위빠사나 수행을 하는 저녁반 강좌를 개설합니다. 지방에 계신 수행자들과 의료인을 위해 매주 토요일 저녁 6시부터 강좌를 시작합니다. 특히 의료인 중에서 정신과에 관심이 있으신 분이 참여하시면 도움이 될 것입니다.

교재는 도서출판 행복한 숲에서 발행한 대념처경 주석서 2권과 3권입니다. 마음에 대한 분석은 논장에 근거하여 마음, 마음의 작용, 인식할 수 있는 마음, 인식할 수 없는 마음을 자세하게 분석하였습니다. 교재 대념처경 주석서와 함께 같은 내용이 CD로도 제작되어서 두 가지를 모두 이용하실 수도 있습니다.

마음을 알아차리는 수행은 위빠사나 수행의 네 가지 대상인 몸, 느낌, 마음, 법 중에서 마음에 대한 부분입니다. 모든 것은 마음이 이끕니다. 그래서 마음을 알아차리는 수행을 하면 대상의 뿌리에 접근하는 것이라서 매우 탁월한 수행효과가 있습니다. 위빠사나 수행자라면 마지막에는 마음을 알아차리는 수행을 해야 열반에 이를 수 있기 때문에 반드시 해야 하는 수행입니다.

1. 개강일시 :2011년 2월 12일 (토요일) 저녁 6시 - 9시 30분

2. 수행일시 : 매주 토요일 저녁 6시 - 9시 30분(주 1회).

3. 법문 및 수행 : 법문 및 위빠사나 수행
                (법문, 경행, 좌선, 면담)

4. 교재 : 대념처경 주석서 2권, 3권(각권 1만 5천원)

5. 법문 및 수행지도 : 묘원(한국명상원 원장)

6. 동참금 : 매월 5만원

7. 은행구좌 : 국민은행 096301-04-036021
                (사)상좌불교 한국명상원

8. 한국명상원에 매월 5만원 이상을 자동이체(CMS)하시는
운영회원께서는 무료로 수강하실 수 있습니다. 운영회원이
되시면 한국 명상원에서 하는 모든 강좌를 무료로 수강하실
수 있습니다.


(사) 상좌불교 한국 명상원 (주) 도서출판 행복한 숲

주소 : 서울시 강남구 논현동 98-12 청호불교문화원 나동 306호

전화 : 02-512-5255/5258  팩스 : 02-512-5856

E-mail : sukha5255@hanmail.net
http://cafe.daum.net/vipassanacenter

◆ 월요일, 수요일 낮 반

# 제 24차 위빠사나 수행 기초과정 강좌 안내

현재 한국 명상원에서는 제24차 위빠사나 수행 기초강좌가 진행 중입니다. 매주 월요일과 수요일에 주 2회에 걸쳐서 강좌를 진행합니다. 위빠사나 수행은 고집멸도 사성제 중에서 도성제로 괴로움을 소멸하는 길의 진리인 8정도를 지금 여기에서 스스로 닦아가는 실천 수행법입니다.

저희 한국 명상원에서는 진행하는 기초 과정은 위빠사나 수행의 핵심인 알아차림의 기초 이론과 함께 실제로 경행과 좌선, 면담을 하는 과정으로 진행합니다.

1. 수행일시 : 매주 월요일, 수요일. 주 2회.
   오후 2시 – 5시 30분
2. 법문 및 수행 : 위빠사나 법문과 경행, 좌선, 면담
3. 교재 : 사념처 수행 (값 1만원)
4. 법문 및 수행지도 : 이종숙(한국명상원 지도자)
5. 동참금 : 매월 5만원
6. 구좌 : 국민은행 096301-04-036021
   (사)상좌불교 한국명상원
7. 한국명상원에 매월 5만원 이상을 자동이체(CMS)하시는 운영회원께서는 무료로 수강하실 수 있습니다. 운영회원이 되시면 한국 명상원에서 하는 모든 강좌를 무료로 수강하실 수 있습니다.

(사) 상좌불교 한국 명상원

◆ 수요일 저녁반

## '큰스승의 가르침' 강좌 안내

현재 한국 명상원에서는 '큰스승의 가르침'에 대한 법문과 함께 위빠사나 수행 저녁반을 진행하고 있습니다. 수요일 저녁반은 미얀마 마하시 선원장이신 우 자띨라 사야도의 법문집 '큰 스승의 가르침'을 교재로 사용합니다. 법문이 끝나면 위빠사나 수행의 기초과정부터 경행, 좌선, 면담을 하는 순서로 진행됩니다.

위빠사나 수행을 경험했거나, 경험하지 않은 수행자나 모두 함께 수행을 배울 수 있습니다. 또 어느 특정한 종교에 구애받지 않고 누구나 자유롭게 배울 수 있습니다.

1. 수행일시 : 매주 수요일 오후 7시 - 9시 30분(주 1회)
2. 법문 및 수행 : 큰스승의 가르침 법문 및
경행, 좌선, 면담

3. 교재 : 큰스승의 가르침(값 1만 3천원)

4. 법문 및 수행지도 : 묘원(한국명상원 원장)

5. 동참금 : 매월 5만원

6. 은행구좌 : 국민은행 096301-04-036021
(사)상좌불교 한국명상원

7. 한국명상원에 매월 5만원 이상을 자동이체(CMS)하시는 운영회원께서는 무료로 수강하실 수 있습니다. 운영회원이 되시면 한국 명상원에서 하는 모든 강좌를 무료로 수강하실 수 있습니다.

(사) 상좌불교 한국 명상원

# 2011년 2월 수행 시간표

| 일 | 월 | 화 | 수 | 목 | 금 | 토 |
|---|---|---|---|---|---|---|
|  |  | 1 | 2 | 3 | 4 | 5 |
|  |  |  |  |  |  | 휴강 |
| 6 | 7 | 8 | 9 | 10 | 11 | 12 |
| 대구<br>법회<br>14:00~<br>18:00 | 기초반<br>14:00~<br>17:30 | 화요반<br>19:00~<br>21:30 | 기초반<br>14:00~<br>17:30<br>수요반<br>19:00~<br>21:30 | 목요반<br>14:00~<br>17:30 |  | 토요반<br>18:00~<br>20:30 |
| 13 | 14 | 15 | 16 | 17 | 18 | 19 |
|  | 기초반<br>14:00~<br>17:30 | 화요반<br>19:00~<br>21:30 | 기초반<br>14:00~<br>17:30<br>수요반<br>19:00~<br>21:30 | 목요반<br>14:00~<br>17:30 |  | 토요반<br>18:00~<br>20:30 |
| 20 | 21 | 22 | 23 | 24 | 25 | 26 |
| 대구<br>기초반<br>14:00~<br>17:00 | 기초반<br>14:00~<br>17:30 | 화요반<br>19:00~<br>21:30 | 기초반<br>14:00~<br>17:30<br>수요반<br>19:00~<br>21:30 | 목요반<br>14:00~<br>17:30 |  | 토요반<br>18:00~<br>20:30 |
| 27 | 28 |  |  |  |  |  |
|  | 기초반<br>14:00~<br>17:30 |  |  |  |  |  |

# <가평 명상마을 행복한 숲 분양안내>

경기도 가평군 설악면 묵안리에 '가평 명상마을 행복한 숲'과 '사단법인 상좌불교 가평 한국 명상원'이 함께 조성됩니다.

현재 가평 명상마을 행복한 숲에 있는 회원주택지를 분양합니다. 관심이 계신 분들은 사단법인 상좌불교 한국명상원에 문의해 주시기 바랍니다.

명상마을 안내

* 유명산과 봉미산의 수려한 경관 속에 만 여 평으로 조성되며, 주변은 울창한 잣나무 숲으로 둘러싸여 있습니다.

* 가평명상마을은 제1차 사업으로 한국명상원과 일부회원들로 단지가 구성되었습니다. 제2차 사업으로 새로운 회원들과 상가로 조성됩니다.

* 본 명상마을은 서울-춘천 고속도로 설악 IC에서 15분 거리에 있으며, 주위에 유명산, 청평 수상레저타운, 마이더스밸리, 프리스틴밸리 등의 골프장, 천마산 스키장 등 관광문화명소가 있습니다. 설악면에는 청심국제중고등학교, 청심국제병원, 설악중고교, 미원초등학교가 있습니다.

(사) 상좌불교 한국 명상원

# < 가평 한국 명상원 회원 모집 안내 >

경기도 가평군 설악면 묵안리 "명상마을 행복한 숲"에 "가평 한국 명상원 집중 수행처"가 세워집니다. 유명산 자락에 있는 "명상마을 행복한 숲" 부지는 국유림으로 둘러싸여 있어서 매우 친환경적입니다. 앞으로 이곳에서 수행을 하실 회원을 모집합니다.

회원의 종류는 일정기간 수행을 하시는 회원에서부터 장기간 거주하시면서 수행을 할 수 있는 다양한 선택이 있습니다. 명상마을 행복한 숲은 단지 내에 노인복지시설을 계획하고 있으며, 가까운 설악면에 국제적인 수준의 청심병원이 있어 노후를 보내시기에 좋습니다.

가평 한국 명상원에서는 개인수행을 할 수 있으며 정기적으로 단체 집중수행을 실시합니다. 또 미얀마 수행지도스님을 초청하여 12연기 법문과 함께 위빠사나 수행을 지도합니다. 쾌적한 환경에서 훌륭하신 스승님을 모시고 열심히 정진하시기를 기원합니다.


1. **보시회원(가입비 100만원)** - 보시회원은 집중수행 시 1회에 한하여 무료로 참여하실 수 있습니다. 회원권이 양도되지 않고, 회원가입비가 반환되지 않습니다. 숙소사용 시에는 식사비를 포함한 소정의 금액을 지불합니다.

2. **일반회원(가입비 500만원)** - 일반회원은 1년에 1개월 동안 명상원 숙소를 사용하실 수 있습니다. 회원권이 양도되지 않고, 회원가입비가 반환되지 않습니다. 숙소사용 시에는 식사비를 포함한 소정의 금액을 지불합니다.

3 **수행회원(가입비 1,000만원)** - 수행회원은 1년에 3개월 동안 숙소를 사용하실 수 있습니다. 회원권이 양도되지 않고, 회원가입비가 반환되지 않습니다. 숙소사용 시에는 식사비를 포함한 소정의 금액을 지불합니다.

4. **특별회원(가입비 3,000만원)** - 특별회원은 1년에 6개월 동안 숙소를 사용하실 수 있습니다. 회원권이 양도되며 완공 5년 후에 대기 회원이 있을 경우에 회원가입비가 반환됩니다. 숙소사용 시에는 식사비를 포함한 소정의 금액을 지불합니다.

5. **평생회원(가입비 5,000만원)** - 평생회원은 1년 내내 숙소를 사용하실 수 있습니다. 회원권이 양도되며, 완공 후 5년 후에 대기 회원이 있을 경우에 회원가입비가 반환됩니다. 숙소사용 시에는 식사비를 포함한 소정의 금액을 지불합니다.


(사) 상좌불교 한국 명상원

양해 말씀을 드립니다. 월간 옹달샘을 시중 서점에 배포하는 관계로 이번 달은 25일까지 녹음을 끊어서 책과 시디를 만들었습니다. 그래서 <그외>라는 障으로 한국 명상원 카페 옹달샘 우체통에서 묘원 법사님의 글 다섯 편을 골라 보충했습니다.

mp3 파일이 필요하신 분은 daum 카페 월간 옹달샘에 오시면 다운 받을 수 있습니다. daum에서 월간 옹달샘을 검색하십시오..(http://cafe.daum.net/ekayano)

지은이 ‖ 묘원

사단법인 상좌불교 한국명상원 원장


월간 오디오북 옹달샘 2011년 2월(통권 제2호)

## 지고의 행복

2011년 1월 25일 1판 1쇄 인쇄
2011년 1월 28일 1판 1쇄 발행

지은이    묘원
펴낸이    곽준
편집 디자인   행복한 숲 편집부

펴낸곳   (주)도서출판 행복한 숲
출판등록   2004년 2월 10일 제16-3243호
주소   서울시 강남구 논현동 98-12 청호불교문화원 나동 3층 306호
전화   (02)512-5255, 512-5258   팩스   (02)512-5856
E-mail   sukha5255@hanmail.net
http://cafe.daum.net/vipassanacenter

ISBN 978-89-93613-18-6

ISSN 2233-4556

구독 문의 02-512-5255 (주)도서출판 행복한 숲

# 행복한 숲에서 펴낸 책 및 CD

큰스승의 가르침
아신 자띨라 사야도 지음/오원탁 옮김/묘원 주해/13,000원

보니, 거기 세상이 있다
아신 자띨라 사야도 면담집/묘원 편주해/11,000원

아는 마음, 모르는 마음
황영채 지음/9,000원

쉐우민의 스승들(증보판)
우 꼬살라 사야도, 우 떼자니아 사야도 지음/묘원 엮음/15,000원

어디서 와서 어디로 가는가
모곡 사야도 12연기 법문
우 탄다잉 편역/조영미 옮김/묘원 주해/15,000원

12연기와 위빠사나
우 소바나 사야도의 수행법문/묘원 편주해/20,000원

물위에 떠있는 공처럼
묘원 지음/10.000원

위빠사나 수행자의 근기를 돕는 아홉 요인
우 쿤달라 비왐사/김봉이 옮김/묘원 주해/15,000원

알아차림을 확립하는 위빠사나 수행
마하시 사야도 지음/김경화 옮김/13,000원

바라는 것이 없으면 괴로울 일이 없다
묘원지음/옹달샘 글 모음집/문고판/8,000원

와서 보라
묘원 지음/위빠사나 문답집/15,000원

대념처경
알아차림을 확립하는 큰 경/묘원 편역/12,000원

미소 지으며 죽는 법
모곡 사야도 법문집/김춘란 옮김/김일영 그림/10,000원

12연기 1·2
BBS불교방송 불교강좌 녹취록/묘원 법문/15,000원

대념처경 주석서 1·2·3
BBS불교방송 불교강좌 녹취록/묘원 법문/15,000원

한 순간의 진실(오디오북)
월간 옹달샘 창간호/묘원/5,000원

오래된 미래 성벽도시 앙코르(사진집)
라상호 사진/70,000원

붓다의 나라 미얀마(사진집)
라상호 사진/70,000원

12연기와 위빠사나 법문 CD
대구 12연기 법문 CD/묘원 법문/30,000원

불교방송 법문 묘원법사의 12연기·대념처경 CD
BBS불교방송 불교강좌 CD/묘원 법문/60,000원